C'est l'amour qui fait ça !

Ce que je vous recommande, c'est de vous aimer les uns les autres (Jean 15: 17)

Silerot Loemba

© 2022 Silerot Loemba

Édition : BoD – Books on Demand, info@bod.fr
Impression : BoD – Books on Demand, In de Tarpen 42,
Norderstedt (Allemagne)
Impression à la demande

ISBN : 978-2-3224-2030-8
Dépôt légal : Mai 2022

Table des matières

Introduction 7

Qu'est-ce que l'amour ? 9

Le choix du bien 15

Pourvoir aux besoins des autres 21

L'acceptation inconditionnelle 31

Le rapprochement 37

Ne pas juger les autres 41

L'honneur de l'autre 45

Servir les autres sans se plaindre ou murmurer 49

Faire bon usage des dons reçus de Dieu 53

Eviter d'occuper inutilement la terre 59

La noblesse 65

Etre une solution et non un problème 69

Le désir de ressembler à Dieu 73

Demeurer dans l'amour 77

Remerciements

Je remercie Mademoiselle Estelle Siwe pour sa contribution à la réalisation de cette œuvre. En effet, elle a mis tout le talent qui est le sien pour m'aider lors de la correction de ce livre. Elle l'a fait avec amour et patience. Sa capacité à se montrer disponible m'impressionne beaucoup. Elle me rappelle la gentillesse qu'avait Rebecca, la femme d'Isaac. C'est une correctrice unique et j'ai beaucoup d'estime pour elle.

Introduction

Je vais vous raconter l'histoire qui m'a poussé à écrire ce livre. En fait, je travaille avec une collègue sur un poste que nous occupons depuis quelques années. Elle me rendait la vie difficile au travail et cela passait notamment par le fait que lorsque je lui parlais, elle me répondait à peine. Un jour, elle était irritée contre moi, car d'après elle, je perdais trop de temps avec les clients, elle m'avait dit de ne plus lui adresser la parole. J'essayais donc de lui faire comprendre que dans le cadre de nos obligations professionnelles il n'était pas possible de travailler sans se parler. Bien entendu, elle ne m'écoutait pas et passait son temps à m'humilier devant les clients et les autres collègues.

Un jour, j'ai expliqué à mon père ce que je vivais avec cette collègue. Il m'a donné le conseil suivant : montre-lui que tu la respectes, que tu veux travailler en harmonie avec elle et ne rentre surtout pas dans son jeu. Montres-toi professionnel et salue-la toujours avec un sourire, même si tu n'en reçois pas de sa part. Je vous avoue, mes chers lecteurs que c'était éprouvant, car cette situation a duré des mois.

Une fois, j'ai eu l'idée d'offrir à tous mes collègues un cadeau. J'ai donc offert à cette collègue un livre de **Gary Chapman,** pasteur, auteur américain mondialement connu et spécialiste du mariage et de la famille, intitulé ***au cœur des cinq langages de l'amour***, cadeau qu'elle a volontiers accepté. Quelques jours plus tard, nous sommes devenus de bons collègues. D'ailleurs, c'est elle qui me défend parfois quand je suis mis en cause. Au moment où, j'écris ces lignes, notre relation professionnelle a été restaurée. C'est ce qui m'a incité à publier un livre sur l'amour, car je pense que le besoin d'amour est un besoin fondamental à tout être humain, besoin d'autant plus vital dans un monde marqué par la haine et le manque d'amour.

En effet, lorsqu'on se sent aimé, on s'émerveille, on s'enthousiasme. Assurément, se sentir aimé aide à donner la meilleure version de soi-même.

Oui, aimer c'est l'objectif de notre vie. C'est ainsi que **l'Abbé Pierre**, prêtre catholique français ayant passé sa vie à venir en aide aux plus défavorisés au travers de sa fondation Emmaüs a dit *: « vivre c'est apprendre à aimer. »*

C'est pourquoi, nous verrons dans ce livre, ce qu'est l'amour, qui nous donne la capacité d'aimer et ce que produit l'amour lorsqu'il est présent dans un cœur.

Qu'est-ce que l'amour ?

Nous allons nous plonger dans les origines, la base même de l'amour en parlant de Celui qui est Amour et l'auteur de l'amour. Je vais prendre en exemple certains passages de la Bible concernant l'amour. Ce ne sont pas toutefois les seuls.

Notre propos débute avec l'un des passages les plus célèbres de la Bible concernant l'amour : **Jean 3:16** « *car Dieu a tant aimé le monde qu'il a donné son fils Jésus Christ afin que quiconque croit en lui ne périsse pas mais ait la vie éternelle* ». On voit donc que le véritable amour implique un sacrifice, le don de soi.

Dieu est l'auteur de l'amour et il est lui-même Amour (**1 Jean 4:8**). C'est ainsi que Jean dit que toute personne qui aime est née de Dieu et connaît Dieu (**1 Jean 4:7**). En vérité, **c'est Dieu qui donne l'amour et qui donne la capacité d'aimer.**

Dieu étant la source de l'amour, notre amour doit être comme l'amour de Dieu, car il nous a aimés au point de sacrifier son Fils pour nous. **Jésus** est pour nous l'exemple de ce qu'aimer veut dire : tout ce qu'il a fait, dans sa vie et dans sa mort, était la forme suprême de l'amour.

Les enseignants de l'Ecriture (la Bible) nous démontrent que la recherche de l'amour est la motivation la plus puissante au monde. Notre capacité à aimer dépend souvent de notre expérience de l'amour car en général, nous aimons les autres comme nous avons été aimés.

Voici comment ils définissent l'amour : « l'amour véritable est comme Dieu : saint, juste et parfait. Si nous connaissons vraiment Dieu, nous aimerons comme lui-même. »

L'apôtre Paul, l'un des enseignants de l'Ecriture a eu une révélation divine de ce qu'est l'amour dans le livre de **1 Corinthiens 13:4-7** : « *L'amour est patient, il est plein de bonté ; l'amour n'est pas envieux ; l'amour ne se vante pas, il ne s'enfle pas d'orgueil, il ne fait rien de malhonnête, il ne cherche pas son intérêt, il ne s'irrite pas, il ne soupçonne pas le mal, il ne se réjouit pas de l'injustice, mais il se réjouit de la vérité, il pardonne tout, il croit tout, il espère tout, il supporte tout.* » L'ayant reçu, il l'a ensuite enseigné car c'est l'amour tel que Dieu veut qu'on le vive.

En effet, celui qui aime beaucoup est celui qui a reçu beaucoup d'amour, en premier de Dieu puis de ses contemporains (famille, amis…). Dieu nous aime tous beaucoup, mais chacun d'entre nous reçoit et expérimente ou pas ce plein d'amour selon notre vécu, l'expérience qu'on a eu de l'amour de notre entourage. Une personne mal aimée dans sa famille par exemple aura du mal à croire et recevoir le fait que Dieu l'aime beaucoup. Il faudra tout un processus pour intégrer cette réalité. Cette personne aura aussi du mal à s'aimer elle-même et à aimer les autres.

Dans leur chanson intitulée *Envie de vivre*, **Christine et Tonino** ont dit que Dieu donne la vie, Dieu donne l'envie de vivre, l'envie d'aimer et de poursuivre.

D'abord, tout notre amour doit d'abord être tourné vers Dieu qui nous remplit de cette capacité et ensuite tourné vers les autres. Les écritures nous recommandent d'aimer en premier Dieu et ensuite notre prochain comme nous-mêmes.

En effet, lorsqu'un professeur de la loi a posé la question au Seigneur Jésus de savoir quel était le plus grand commandement de la loi, Jésus lui a répondu: « *tu aimeras le Seigneur ton Dieu, de tout ton cœur, de toute ton âme et de toute ta pensée. C'est le premier commandement et le plus grand.* » **(Matthieu 22:35-38)**.

Le Seigneur Jésus ajouta en disant et voici le deuxième qui lui est semblable : « *tu aimeras ton prochain comme toi-même. De ces deux commandements* *dépendent toute la loi et les prophètes.* » **(Matthieu 22:39-40)**.

C'est le Saint Esprit qui nous aide à respecter ces deux plus grands commandements de la loi. C'est le Saint Esprit qui nous aide à aimer véritablement Dieu et notre prochain. Il le fait, lorsqu'on l'invite à venir habiter notre cœur.

C'est certain, lorsque l'Esprit de Dieu habite notre cœur, il produit en nous l'amour et le respect de Dieu, ainsi que l'amour et le respect de l'autre.

Les enseignants de l'Ecriture rappellent que notre responsabilité est d'aimer fidèlement tous ceux que Dieu nous donne à aimer. S'il nous voit prêts à en aimer d'autres, il les conduira jusqu'à nous. Quelle que soit notre timidité, nous n'avons pas à redouter ce commandement. Dieu nous donne la force de faire ce qu'il nous demande. »

Au passage, la timidité n'est pas de Dieu, car l'Ecriture dit que le Seigneur « *ne nous a pas donné un esprit de timidité, mais un esprit de force, d'amour et de sagesse* » **(2 Timothée 1:7)**.

C'est pourquoi, il nous faut déjà aimer les personnes que nous connaissons.

Dans son livre **Suis-je un bon père ?** L'auteur et évangéliste américain, **Josh MacDowell** a défini le véritable amour comme « *le fait de placer la sécurité, le bonheur et le bien-être d'une autre personne au même niveau que les nôtres.* »

Il précise en effet que « *Lorsqu'une relation d'amour est enracinée dans ce concept de donner autant d'importance aux intérêts de l'autre personne qu'aux nôtres (aime ton prochain comme toi-même), alors cette relation devient saine.* » (**Engagement n°6 Je ferai de mon mieux pour créer des relations d'amour saines selon Dieu**).

Après avoir défini l'amour et révélé qui est l'auteur de l'amour, voyons maintenons ce que l'amour fait.

Le choix du bien

Les enseignants de l'Ecriture nous rappellent que l'amour implique toujours un choix et une action.

Dans quelle mesure manifestons nous notre amour pour Dieu dans nos choix et dans notre manière d'agir ?

Si notre amour ressemble à celui de Dieu, alors nos choix doivent refléter la nature et la personnalité de Dieu. Autrement dit, nos choix doivent obéir à la volonté de Dieu, c'est-à-dire faire les choix selon Dieu. C'est l'amour qui fait ça !

Face à un choix ou à une décision à prendre, posons-nous la question suivante : qu'est-ce Dieu aurait fait à ma place ? Ou encore qu'est-ce que le Seigneur Jésus aurait fait à ma place ?

L'auteur et évangéliste Josh MacDowell donne le conseil suivant pour nous aider à faire les bons choix : « *S'il existe un secret pour savoir comment faire les bons choix dans la vie, alors il se trouve dans cette profonde conviction que Dieu a toujours à cœur le meilleur pour nos vies. Imprégnez vos enfants de cette vérité que Dieu est un Dieu bon qui les aime au-delà de toute compréhension. Et lorsqu'ils croiront cela de tout leur cœur, ils pourront obéir à ses commandements et être honnêtes, vivre une sexualité pure, aimer et respecter les autres, montrer de la compréhension, pardonner, faire preuve de maîtrise de soi, etc. »* **(Engagement n°8 Je ferai de mon mieux pour enseigner les desseins de Dieu sur la sexualité ; Suis-je un bon père ?).**

Dieu est amour comme nous l'avons vu plus haut. Et l'Esprit de Dieu est un esprit d'amour. C'est le Saint Esprit qui inspire à faire de bons choix, ce que j'appellerai ici les choix de l'amour ou les choix du bien ou encore les choix de la maturité.

C'est ainsi que par exemple au lieu d'être malhonnêtes, le Saint Esprit nous aide à être honnêtes. Au lieu d'être orgueilleux l'Esprit de Dieu nous aide d'être humbles. Au lieu de mener une vie de folie, le Saint Esprit nous aide à mener une vie sage.

Dans son livre *l'effet cumulé*, **Darren Hardy**, auteur et conférencier américain a dit : « *Votre vie est le résultat de tous les petits choix que vous faites à chaque instant.* ». C'est pourquoi, il est vital de demander à Dieu de nous inspirer les bons choix, de nous aider à prendre de bonnes décisions dans notre vie de tous les jours.

Voici par exemple, ce que Josh MacDowell, dans son livre **Suis-je un bon père** ? conseille aux pères pour aider les enfants à faire le choix d'une vie sexuelle pure: « *Expliquez à vos enfants que Dieu a prévu que la sexualité soit expérimentée dans un cercle intact, une union pure entre deux personnes vierges entamant une relation exclusive.* »

C'est ainsi qu'il a écrit « *l'amour (Le véritable amour) attendra jusqu'au mariage pour s'engager dans les relations sexuelles et demeurera pur et fidèle après le mariage.* »

Attendre jusqu'au mariage ? Oui, c'est l'amour qui fait ça !

En effet, Jacob a attendu plusieurs années pour être avec la femme qu'il aimait, la nommée Rachel. En réalité, il ne devait travailler que 7 ans chez Laban pour épouser Rachel. Mais après 7 ans de travail, Laban lui présenta Léa, la grande sœur de Rachel, en évoquant que la coutume voulait qu'on épouse d'abord l'aînée avant la cadette. Ce qui contraint Jacob a travaillé encore 7 ans pour pouvoir épouser Rachel. Ce qui fait un total de 14 années de travail et d'attente pour se marier avec la femme qu'elle aimait.

L'Ecriture révèle que Jacob servit 7 ans pour Rachel. Ils lui parurent comme quelques jours parce qu'il l'aimait (**Genèse 29:20**). En effet, l'amour de

Jacob pour Rachel est caractérisé par la patience et par l'engagement concrets.

Dieu est pur et patient. Nous aussi devons faire le choix d'être pur et patient. Et c'est l'amour qui incite à être pur et patient comme Dieu. Oui, c'est l'amour qui fait ça !

L'amour nous inspire aussi à faire les choix de la maturité. En effet, notre maturité spirituelle se mesure à nos choix et au degré d'amour qui nous habite.

Voici par exemple les choix de la maturité révélées par les enseignants de l'Ecriture :

- **Enseigner les autres** au lieu de nous contenter d'être enseignés.
- **Approfondir notre compréhension** au lieu de lutter avec les simples bases.
- **Nous évaluer** au lieu de nous dénigrer.
- **Rechercher l'unité** au lieu de créer la division.
- **Désirer relever des défis spirituels** au lieu de désirer des divertissements.
- **Etudier et mettre en pratique** au lieu de discuter et faire de timides efforts.
- **Vivre selon notre foi** au lieu de douter ou nous montrer indifférents.
- **Avoir confiance** au lieu d'avoir peur.
- **Prier au lieu de se plaindre**.
- **Evaluer nos sentiments et expériences à la lumière de la Parole de Dieu** au

lieu d'évaluer les expériences d'après nos sentiments.

Voici ce qui arrive lorsque nous demandons à Dieu de nous aider à faire de bons choix :

- Dans un monde incrédule, où les gens ne croient pas, nous, nous croyons en Dieu. Parce que Dieu nous a créées et mis sur terre pour être des exemples de foi et non d'incrédulité. Comprendre cela, c'est connaître, en partie sa vocation. Oui, pour réussir sa vocation il faut faire le choix de croire en Dieu.

- Dans un monde où les gens ne font pas confiance aux autres, nous, nous faisons confiance aux autres, parce que Dieu lui-même nous fait confiance et nous l'imitons car il est notre exemple. C'est pourquoi, l'auteur Josh MacDowell a rappelé que l'amour de Dieu donne et fait confiance. Donc, notre amour aussi doit donner et faire confiance.

- Dans un monde où les gens aiment se plaindre, nous, nous choisissons de prier. Car les plaintes ne font qu'aggraver la tension, tandis que la prière apaise nos pensées et nos émotions et nous prépare à écouter.

- Dans un monde marqué par le mal, nous choisissons de faire le bien. En effet, la Parole de Dieu dit : « *Ne te laisse pas vaincre par le mal, mais sois vainqueur du mal par le bien.* » (**Romains 12:11**).

Faire le choix de vaincre le mal par le bien ! Voilà ce que l'amour fait !

- Dans un monde où les gens ne sont pas fidèles, nous choisissons d'être fidèles, parce que Dieu est fidèle (**Apocalypse 19:11 ; 2 Thessaloniciens 3:3**).

- Dans un monde où l'on ne pardonne pas, nous choisissons de pardonner, car Dieu lui-même pardonne **(1 Jean 1:9 ; Actes 10:43)**.

- Dans un monde cruel, où on ne se soucie pas des autres, nous choisissons de nous soucier des autres (**Psaumes 41:2-4 ; Matthieu 10:29-31**).

C'est pourquoi, il est important de lire et méditer la Parole de Dieu au quotidien, avoir une relation profonde avec lui afin de le connaître, en apprendre davantage sur sa nature et sa personnalité pour faire les choix selon lui, c'est-à-dire le choix du bien.

Pourvoir aux besoins des autres

L'amour divin pourvoit aux besoins des autres. Dans le livre *l'homme le plus formidable de l'histoire humaine*, j'ai rappelé que le Seigneur Jésus a passé toute sa vie à répondre aux besoins des autres. Il a montré par là qu'aimer c'est aller à la rencontre des besoins. En effet, les trois ans et demi de son ministère durant, le Seigneur Jésus n'a fait que pourvoir aux besoins des autres.

C'est ce qui l'amena par exemple à changer l'eau en vin pour répondre au besoin de boire des invités lors des noces de Cana en Galilée **(Jean 2:1-10)**.

C'est pour répondre au besoin de manger que le Seigneur Jésus a pu nourrir 4000 hommes **(Marc 8:1-10)** et 5000 personnes **(Jean 6 :1-15)**.

C'est pour répondre au besoin de pardon que le Seigneur Jésus a pardonné une femme adultère (**Jean 8:1-11**) et s'est lui-même sacrifié à la croix.

C'est pour répondre aux besoins de guérison et de santé que le Seigneur Jésus a guéri d'innombrables personnes (**Matthieu 8:1-4 ; 14-16 ; Marc 5:21-43**).

C'est pour répondre au besoin de délivrance qu'il a délivré plusieurs personnes (**Luc 8:26-39**).

A l'instar de Jésus, **Mère Teresa**, religieuse catholique d'origine albanaise, considérée comme l'une des femmes les plus influentes et l'une des leaders les plus efficaces du 20ème siècle a consacré sa vie à répondre aux besoins des autres.

L'abbé Pierre a consacré sa vie à pourvoir aux besoins des autres.

Quand je vois ma sœur Natacha Loemba Paugam capable de se sacrifier en utilisant le nécessaire de son argent pour aider ses frères et sœurs, je me dis : c'est l'amour qui fait ça ! En réalité, ma sœur a dépensé des millions d'euros pour nous aider dans la vie. Je lui rends hommage au nom de tous mes frères et sœurs. Elle est exceptionnelle !

Ah ! Quand je vois ma sœur Galia Loemba nous faire plaisir en nous achetant des cadeaux chaque année, je me dis, c'est l'amour qui fait ça ! En effet, elle met son talent de conseillère en imagerie, en nous habillant et en achetant ce qui convient parfaitement à notre goût et à notre taille sans que l'on soit présent physiquement.

Quand je vois mon frère Emmanuel, Dieu-merci qui m'accompagnait tout le temps à l'hôpital lorsque je souffrais de la tuberculose en 2004, sans craindre le risque de se faire contaminer par cette maladie, je me dis : c'est l'amour qui fait ça !

Quand je vois ma sœur Christine Loemba prendre la moitié de son salaire pour assister un couple en difficulté, je me dis : c'est l'amour qui fait ça !

Je me souviens de ma sœur Anouchka Loemba qui a consacré une partie de son salaire en 2021 pour faire plaisir à son frère. C'est l'amour qui fait ça !

Quand je vois ma sœur Christelle Gohun Lehi qui est capable de se sacrifier pour le bonheur des autres, je me dis : c'est l'amour qui fait ça !

Quand je vois mon collègue, Mr Ibrahima Bayo qui nous ramène les croissants chaque semaine en cours, je me dis : c'est l'amour qui fait ça !

Quand je vois ma collègue Ludmila Lapteva qui a consacré deux jours de sa semaine pour m'aider à réussir mon évaluation, je me dis : c'est l'amour qui fait ça ! C'est pourquoi je l'appelle notre princesse.

Quand je vois Naïlat qui est capable de parcourir de longs trajets pour être avec ses amis. C'est l'amour qui fait ça ! Naïlat est une jeune femme qui a le don de soi, de sa présence. Elle aime sa famille et ses amis. Je l'appelle ma pépite et notre princesse aussi.

Quand je vois Kevin Reich qui est capable d'appeler ses amis quasiment tous les jours pour prendre de leurs nouvelles, je me dis : c'est l'amour fait ça ! En effet, Kevin est l'un des hommes les plus généreux que je connais en France.

Quand je vois Ben Fall Abdallah qui consacre chaque semaine trois heures pour m'aider à réussir ma formation en informatique, je me dis : C'est l'amour qui fait ça ! Ben est l'un des hommes les plus gentils et honnêtes que je connais.

Quand je vois Elie Hyppolite qui trouve du temps quand ses amis ont besoin de lui, je me dis : c'est l'amour qui fait ça ! Elie fait partie des personnes les plus positives que je connais.

C'est cet amour qui conduit mon ami John Clergé a ramené à chaque semaine des gâteaux à ses collègues. En effet, nous travaillons depuis cinq ans avec John et il a nourrit près d'une centaine de personnes avec ses gâteaux moi y compris. Je les aime lui et son frère jumeau James Clergé.

L'amour a conduit Chanelle Gracia M'Pembele a offrir à son beau-frère un parfum de marque dès le premier jour de leur rencontre. Chanelle a le grand pouvoir des petits gestes. J'ai beaucoup d'estime pour elle.

Quand je vois Marick Borval consacrer son temps pour m'aider à réussir. Je me dis : c'est l'amour qui fait ça ! Un jour d'évaluation, j'étais à court d'idées, je me comportais comme un homme qui avait perdu l'espérance. Epris de compassion, il m'a dit je ne sortirai pas d'ici sans t'avoir aidé à réussir toi aussi.

Quand je vois mon collègue Tchapi-Li Mavoungou acheter un livre pour faire plaisir à sa mère, je me dis : c'est l'amour qui fait ça !

Quand je vois mon collègue Yanis Labidi qui se démène pour aider ses collègues et s'intéresser à eux, je me dis : c'est l'amour qui fait ça ! Je me souviens qu'il a rejoint la formation après nous tous, mais il a ramené la dynamique qui manquait au groupe. À peine quelques jours arrivé, il avait déjà lu mon premier livre et m'interrogeait sur mon histoire.

Des hommes et des femmes remarquables comme Charles Madédé, David Lyubovin, Israël Mvumbi, Arthy Yonel Mbemba, Ginelle Alex Mouzita et Elisabeth Kpogomu m'ont marqué par leur amour. Je leur dois beaucoup.

La liste des personnes qui se consacrent à répondre aux besoins des autres est longue et leur nombre est trop pour en faire le décompte. L'objectif de ce livre est de vous communiquer et vous pousser à communiquer, cher lecteur, chère lectrice le véritable amour dans ce monde.

En réalité, nous ne pouvons pas dire que nous aimons si nous ne répondons pas aux besoins des autres. Celui qui fuit les besoins des gens n'a pas l'amour en lui. C'est d'ailleurs l'amour divin qui pousse à aller vers les nécessités des gens. Oui, c'est l'amour qui fait ça !

Souvenons-nous de ce que Mère Teresa a dit pour nous inciter à l'amour : « *L'amour n'est plus l'amour s'il n'est pas partagé.* ». Toujours pour nous encourager dans l'amour elle a dit encore la chose suivante : « *Ne laissez personne venir à vous et répartir sans être plus heureux.* »

Dieu nous aime et il pourvoit à nos besoins. Nous aussi lorsque nous disons que nous aimons nous devons pourvoir aux besoins des autres.

Je crois que Dieu nous a donné le Saint-Esprit pour que nous puissions exceller dans l'amour divin, pour que nous répondions au mieux aux besoins des autres et pour que nous puissions faire des heureux autour de nous.

Et cet amour va au-delà des frontières. Etant congolais, l'esprit congolais ne peut pas m'aider à répondre au besoin de l'autre comme Dieu le voudrait car l'esprit congolais est limité. C'est pourquoi j'ai besoin de l'Esprit Saint. L'esprit congolais fait bien, mais le Saint Esprit fait mieux. Le congolais qui gère son foyer avec l'esprit congolais aura du mal à rendre l'autre heureux, mais le congolais qui dirige son foyer avec l'aide du Saint Esprit fera non seulement des heureux dans son foyer mais sera un bon exemple à suivre. C'est une expérience par observation que je vous partage. En réalité, j'ai passé vingt ans à observer les foyers et j'ai pu relever cette différence entre l'esprit congolais et l'Esprit Saint. Je veux dire par là que si nous voulons exceller dans la capacité à rendre les autres heureux dans le couple, dans la famille ou dans l'amitié, faisons les choses avec l'aide du Saint-Esprit et non avec notre esprit humain.

Si je suis français, l'esprit français ne m'aidera pas à répondre au mieux au besoin des autres. Il me faut l'Esprit Saint pour y arriver, car si l'esprit français fait bien, cependant l'Esprit Saint fait encore mieux. En faisant les choses avec l'esprit français, nous ferons plus des malheureux que des heureux. Mais en faisant les choses avec l'aide du Saint-Esprit, nous ferons plus des heureux que des malheureux. C'est pourquoi, le Saint-Esprit est appelé le Guide, le Consolateur. C'est avec le Saint-Esprit que nous répondrons au mieux aux besoins de notre conjoint, de notre parent, de notre ami(e), de notre collègue, de notre voisin et de notre concitoyen. Ceci est valable pour toutes les nations de la terre, agir avec l'esprit d'un pays quel qu'il soit nous limite, d'où l'importance d'agir avec l'Esprit Saint pour répondre aux besoins des autres selon le standard divin.

En réalité, lorsque nous répondons aux besoins des autres, nous ressemblons à Dieu.

Voici comment un auteur a défini l'amour de Dieu selon **1 Jean 4:8** : « *un amour qui protège de tout mal ceux qui nous sont chers et pourvoit à leurs besoins. Son amour donne et fais confiance, il est sûr, sécurisant et loyal pour toujours.* » Il rappelle la chose suivante : « *Et comme la priorité du véritable amour est de protéger et de pourvoir au bien-être de nos bien-aimés, l'amour de Dieu ne fera rien qui pourrait être préjudiciable à la sécurité, au bonheur et au bien-être d'une autre personne.* ».

Imaginons ce que peut devenir une famille où chaque membre pense comment pourvoir au besoin de l'autre. Pensons à ce que devient une amitié où chacun de son côté cherche à répondre au besoin de l'autre.

Pourquoi, les gens n'excellent pas assez souvent dans l'amour ? Parlons-en !

Beaucoup de personnes n'excellent pas dans l'amour parce qu'ils attendent à ce que les autres puissent répondre à leurs besoins : ils veulent qu'on les appelle, qu'on les invite, qu'on leur donne, qu'on leur serve,…Or, souvenons-nous de ce que l'abbé Pierre a dit : « C'est quand chacun d'entre nous attend que l'autre commence que rien ne se passe. »

Or, l'amour divin rend responsable, l'amour divin n'attend pas qu'on l'appelle, c'est lui qui appelle. Au lieu d'attendre qu'on l'invite, c'est lui qui invite. Au lieu d'attendre qu'on lui donne, c'est lui qui donne. Au lieu d'attendre qu'on le serve, c'est lui qui sert les autres. Voilà ce que fait l'amour véritable!

Dès le matin, l'amour divin pense à l'autre, il se demande : comment je vais répondre au besoin de ma famille ? Comment je peux pourvoir au besoin de mon ami(e)?

En effet, les personnes qui excellent dans l'amour divin veillent constamment à répondre aux besoins des autres.

Donc, au lieu d'attendre que l'on réponde à notre besoin, nous devons nous demander dès le matin : comment je peux répondre au besoin de ma famille, de mon ami(e) ou de l'autre.

L'acceptation inconditionnelle

L'acceptation inconditionnelle c'est le fait d'aimer et d'accepter les autres telles qu'ils sont. En effet, Dieu nous a aimés tels que nous étions et tels que nous sommes. Dieu nous a aimés avant que nous puissions faire quoi que ce soit. Et c'est de cet amour qu'il veut que nous puissions aimer ceux qu'il nous donne, à savoir : la famille, le conjoint, les enfants, les parents, les ami(es), les collègues, les responsables, les dirigeants, les voisins, le beau-frère, la belle-sœur, le beau-père, la belle-mère, les concitoyens,...

En réalité, Dieu nous a aimés alors que nous ne méritions pas son amour. Oui, nous ne méritions pas l'amour de Dieu, puisque depuis la chute de l'homme par Adam et Eve, nous sommes devenus rebelles, pécheurs,... ce qui n'a pas empêché Dieu de nous aimer dans cette condition. Il est écrit en

Romains 5:8 que « *Dieu prouve son amour envers nous en ce que, lorsque nous étions encore des pécheurs, Christ est mort pour nous* ». Il nous a acceptés et aimés alors même que nous étions pécheurs et rebelles vis-à-vis de lui. C'est cela l'acceptation inconditionnelle. C'est ce que l'amour fait.

Quand le Seigneur Jésus s'est invité dans la maison de Matthieu, le collecteur d'impôts. Il démontrait par là qu'il acceptait Matthieu inconditionnellement (**Matthieu 9:9-13)**.

Quand le Seigneur Jésus a pardonné à la femme adultère, c'était une démonstration, par excellence, de l'acceptation inconditionnelle **(Jean 8:1-11)**.

L'acceptation inconditionnelle nous demande d'aimer quelqu'un non pas pour ses qualités, ses dons ou ses performances, mais de l'aimer pour qui il est. C'est pourquoi, Josh MacDowell demande aux pères d'accepter les enfants pour ce qu'ils sont. Voici ce qu'il dit : « *Acceptez-les pour ce qu'ils sont et vous leur donnerez un sentiment de sécurité.* ».

Oui, quand nous acceptons nos enfants, nos parents, nos ami(e)s pour ce qu'ils sont, nous leur donnons un sentiment de sécurité. Voilà ce que l'amour fait.

C'est l'amour inconditionnel qui produit l'acceptation inconditionnelle. C'est pourquoi, il est important de demander à Dieu de nous remplir de« l'amour inconditionnel » afin de pouvoir aimer et accepter les autres sans conditions.

Voici comment est l'acceptation inconditionnelle :

J'accepte l'autre dans l'échec ou dans la victoire, c'est-à-dire je l'accepte quand il gagne et quand il perd.

Je l'accepte dans la maladie ou dans la santé.

Je l'accepte quand il réussit et quand il ne réussit pas.

Je l'accepte avec ses défauts et ses qualités.

Je l'accepte quand il agit bien mais aussi quand il agit mal.

Je l'accepte quand il est performant et quand il ne l'est pas.

Je l'accepte quand il me satisfait mais aussi quand il ne me satisfait pas.

Je l'accepte quand il me fait plaisir et quand il ne me fait pas plaisir.

Je l'accepte quand je suis fier de lui mais aussi quand il fait honte.

Tôt ou tard, chacun de nous devra faire preuve de l'acceptation inconditionnelle. Si ce n'est pas notre conjoint, ce sera peut-être avec notre enfant ; si ce n'est pas notre sœur, ce sera probablement notre frère ; si ce n'est pas avec notre ami, ce sera certainement notre collègue. Bref il y aura toujours quelqu'un de notre entourage par qui nous apprendrons au mieux ce qu'est accepter une personne inconditionnellement. Et si cela est le cas pour vous, ne blâmez pas la vie ou le monde autour de vous, je vous en prie, mais voyez ces moments comme un moyen de développer votre amour et acceptation inconditionnelle vis-à-vis des autres.

N'oublions pas qu'il y a des cadeaux qu'on ne choisit pas dans la vie, comme la famille, le père, la mère, le frère, la sœur, l'oncle, la tante, l'enfant, le beau-frère, la belle-sœur, le cousin, la cousine,...Il faut les aimer et les accepter inconditionnellement.

Pour ma part, c'est avec ma collègue de travail que j'ai appris à développer l'acceptation inconditionnelle. En effet, je devais accepter de travailler avec une personne qui me rabaissait tout le temps.

Comment ai-je donc appris à accepter de manière inconditionnelle ma collègue ?

Je lui disais bonjour, quand elle ne me le disait pas. Je lui souriais quand elle ne le faisait pas. Je la considérais sans m'attendre à ce qu'elle me considère à son tour.

Par exemple, dès qu'elle arrivait au travail, je lui disais : « bonjour » en prononçant son prénom avec estime. Et j'ajoutais : « merci d'être là ! »

Au début, ma collègue ne l'acceptait pas, car elle pensait que je me moquais d'elle. Mais après des mois, elle a fini par comprendre que cela venait de mon cœur, en raison de la considération que j'avais pour elle. En réalité, je n'ai pas attendu que ma collègue soit une bonne personne pour la considérer.

Au contraire malgré son comportement sidérant envers moi, je l'acceptais telle qu'elle était. C'est cela l'acceptation inconditionnelle. C'est ce que l'amour fait.

Je n'ai pas attendu de ressentir le respect de ma collègue pour commencer à la respecter. Et je n'ai pas non plus attendu que ma collègue puisse mériter mon respect pour commencer à la respecter. Par la grâce de Dieu, j'ai décidé de traiter ma collègue avec respect et considération. C'était mon affaire et non la sienne.

Conscient que nous ne devons pas attendre que les autres méritent le respect avant de les respecter, voici ce que le docteur **Emerson Eggerichs**, auteur, pasteur et conférencier international dont les thématiques tournent autour des relations hommes-femmes conseille aux épouses dans son livre ***L'Amour et le Respect*** : « ce n'est pas à l'homme de mériter le respect ; c'est l'affaire de la femme de décider de traiter son époux avec respect et ce, sans conditions. ».

C'est ce que j'ai fait avec ma collègue, je l'ai respecté sans attendre à ce qu'elle le mérite.

Qu'il me soit permis de rappeler qu'aujourd'hui où j'écris ce livre, moi et ma collègue avons maintenant de bons rapports professionnels. Cela est dû en grande partie à l'acceptation inconditionnelle que Dieu a mis dans le cœur de chacun de nous. A Dieu seul soit la gloire ! Lui qui nous aide à accepter les autres d'une manière inconditionnelle.

Oui, l'acceptation inconditionnelle n'est possible que grâce à l'aide de DIEU.

En effet plus nous avons une relation intime et quotidienne avec lui, plus il nous remplit de son amour inconditionnel que nous pouvons à notre tour témoigner à notre entourage. Sans cette relation intime avec le Seigneur, nous aurons du mal à témoigner l'amour inconditionnel à notre prochain.

Le rapprochement

Le dictionnaire Larousse définit le rapprochement ici comme le *« fait d'établir ou de rétablir de bonnes relations avec quelqu'un, un groupe, etc. »*

Le véritable rapprochement est favorisé par l'amour. En effet, Dieu nous rapproche les uns les autres pour que nous puissions nous aimer, nous respecter et nous aider mutuellement.

Sans Dieu et son amour, le rapprochement ne sera que superficiel et n'aurait aucun avenir certain.

Plusieurs facteurs peuvent nous amener à nous rapprocher de certaines personnes. C'est le cas par exemple de l'amitié, de la profession, du voisinage, du caractère commun, des affinités, des sentiments,…

Dans le cas de l'amitié, Dieu nous rapproche d'une personne afin de construire une amitié solide et saine qui s'appuie sur l'amour et le respect de l'autre.

Dans le cas d'un mariage, Dieu nous rapproche d'une personne afin de construire une relation de couple fondée sur l'amour véritable et le respect du conjoint.

Dans son livre, **Amour et Respect**, le docteur Emerson Eggerichs a écrit : « *Une épouse est animée d'un besoin qui est celui de se sentir aimée. Lorsque ce besoin est comblé, elle est heureuse. Un époux est animé d'un besoin qui est celui de se sentir respecté. Lorsque ce besoin est comblé, il est heureux.* »

Souvenons-nous de l'amour véritable comme l'a défini Josh MacDowell : « *le fait de placer la sécurité, le bonheur et le bien-être d'une autre personne au même niveau que les nôtres.* ».

Dans le cas d'une relation professionnelle, tant que vous respectez le collègue en l'acceptant tel qu'il est, tout ira bien.

Dans le cas de la colocation ou du voisinage, nous sommes appelés à respecter le voisin en l'acceptant tel qu'il est.

Souvenons-nous que même avec le voisin, l'amour ne fait rien qui puisse nuire à l'autre. Notre liberté s'arrête là où commence celle de l'autre.

Le rapprochement peut être une source de bénédiction et de joie dès lors où nous considérons que c'est Dieu qui nous rapproche pour nous aimer, nous respecter et nous faire du bien mutuellement. C'est dans cet intérêt que Dieu crée le rapprochement entre les personnes.

Si vous habitez dans un pays où il y a des millions de personnes, ne pensez pas que cela soit le fruit d'un hasard si vous vous êtes rapprochés de quelqu'un. Certainement, il y a une volonté divine derrière ce rapprochement : C'est pour s'aimer, se respecter et se faire du bien mutuellement. Cela est valable dans le cadre familial, sentimental et professionnel.

Dieu a créé le rapprochement entre nos deux ancêtres, Adam et Eve, pour qu'ils puissent s'aimer, se respecter et vivre ensemble le plan de Dieu pour leur vie.

Dieu a créé un rapprochement entre Isaac et Rebecca pour qu'ils s'aiment, se respectent, se fassent du bien mutuellement, et qu'ils vivent le plan de Dieu ensemble.

Dieu a créé un rapprochement professionnel entre l'apôtre Paul et le couple Priscille et Aquilas pour qu'ils s'aiment, se respectent et vivent le plan de Dieu.

Donc, si vous voyez que vous vous êtes rapprochés d'une personne qui vous aime et vous respecte, n'attendez pas de faire un rêve pour comprendre, c'est certainement Dieu qui a créé ce rapprochement pour vivre sa volonté divine.

Ne pas juger les autres

Le Seigneur Jésus a enseigné de ne pas juger. Voici en effet ce qu'il a dit : « *Ne jugez pas afin de ne pas être jugé, car on vous jugera de la même manière que aurez jugé et on utilisera pour vous la mesure dont vous vous serez servis.* » **(Matthieu 7:1-2)**.

Le jour où les spécialistes de la loi et les pharisiens ont amené auprès du Seigneur Jésus, une femme surprise en train de commettre un adultère pour être accusée, le Seigneur Jésus leur a répondu : « *Que celui d'entre vous qui est sans péché jette le premier la pierre contre elle.* » **(Jean 8:7)**.

Et lorsque les accusateurs de la femme adultère, accusés par leur propre conscience qu'ils étaient eux-mêmes pécheurs, se retirèrent un par un, le Seigneur Jésus a répondu à cette femme : « *Moi non plus, je ne te condamne pas, vas-y et désormais ne pêche plus.* » **(Jean 8:11)**.

Le Seigneur Jésus montrait par là qu'il n'était pas venu juger les personnes créées à l'image de Dieu. Voilà pourquoi **Jean,** l'un des disciples de Jésus a écrit : « *Dieu en effet n'a pas envoyé son Fils dans le monde pour qu'il le juge, mais pour que le monde soit sauvé par lui.* » **(Jean 3:17).**

L'amour n'accuse pas, il juge les faits et non les personnes. En réalité, l'amour vise à rétablir la justice. C'est pourquoi il vise les faits et non les personnes.

Aussi, l'amour reconnaît que nous ne sommes pas définis par nos erreurs, nos échecs ou nos manquements, mais nous sommes définis par le fait que nous sommes des merveilleuses créatures d'un Dieu aimant, avec des talents, des dons et des capacités propres à chacun. Nous sommes des êtres imparfaits que Dieu aime d'un amour éternel.

J'aime beaucoup comment **Grégory Turpin**, auteur et chanteur chrétien français a expliqué cet amour de Dieu pour nous dans son livre ***Ce que j'ai découvert sur le Père*** : « *Il nous a désiré depuis toute éternité et nous connaît parfaitement. Il a créé et souhaité chaque détail de notre personne : la couleur de nos yeux, celle de notre peau, notre morphologie, etc. Il connaît même le nombre de nos cheveux, c'est pour dire ! Notre existence n'est en aucun cas une erreur, mais le résultat de sa volonté profonde.* »

Pensons à ça lorsque nous serons tentés de nous juger nous-mêmes et de juger les autres. En réalité, nous avons tous nos forces et nos faiblesses. Bien que nous voulions tous êtres parfaits comme Dieu lui-même est, personne ne l'est encore. Personne ne doit se considérer comme plus parfait que les autres. Et personne ne doit considérer l'autre comme moins parfait que lui et/ou les autres. Oh ! Si seulement l'esprit accusateur pouvait être proscrit de nos cœurs, nous vivrons mieux au sein de nos familles, de nos sociétés et de nos nations.

Si seulement l'esprit de jugement pouvait être banni de nos cœurs, nous vivrons mieux entre frères, entre collègues, entre communautés, entre concitoyens,…

Souvenez-vous de ce que **Jacques**, un autre des disciples de Jésus a dit : « *Un seul est législateur et juge : c'est celui qui peut sauver et perdre. Mais toi, qui es-tu pour juger ton prochain ?* »

Voici ce que les enseignants de l'Ecriture nous font observer : « Pensons à notre attitude et à nos actes : apportons nous du positif aux autres ou les rabaissons-nous ? Quand nous sommes sur le point de critiquer quelqu'un, souvenons-nous de la loi de l'amour de Dieu et disons plutôt quelque chose de constructif. Apprenons à dire des paroles bénéfiques aux autres et nous perdrons l'habitude de chercher la faute. Nous saurons ainsi mieux obéir à la loi d'amour de Dieu. »

Oui, l'amour fait perdre l'habitude de chercher la faute chez l'autre !

Apporter du positif aux autres. Voilà ce que l'amour fait !

L'honneur de l'autre

L'amour recherche l'honneur de l'autre. Notre Dieu, le créateur de toute la création, est un Dieu d'honneur, et il est digne de recevoir l'honneur pour toujours. Voici en effet ce que **l'apôtre Jean** révèle sur Dieu en **Apocalypse 4:11** : *«Tu es digne notre Seigneur et notre Dieu, de recevoir la gloire, l'honneur et la puissance, car tu as créé toutes choses et c'est par ta volonté qu'elles ont été créées et qu'elles existent.»*

Notre vie doit honorer Dieu. Dieu est-il honoré par notre vie ?

D'abord, Dieu honore celui qui l'honore.

Abraham a honoré Dieu, et Dieu l'a honoré. En effet, l'Ecriture révèle que la durée de la vie d'Abraham fut de 175 ans. Abraham a quitté ce monde après une heureuse vieillesse, âgé et rassasié de jours. **(Genèse 25:7-8)**.

Isaac a honoré Dieu, Dieu l'a honoré. En effet, Isaac vécut 180 ans. Il alla rejoindre les siens alors qu'il était rassasié de jours **(Genèse 35:28-29)**.

Jacob a honoré Dieu, le reste de sa vie, et Dieu l'a honoré. Dieu lui a donné une nouvelle identité en lui donnant un nouveau nom : Israël **(Genèse 32:29)**. Jacob vécut 147 ans après s'être rassasiés de jours **(Genèse 47:28)**.

Joseph a honoré Dieu, Dieu l'a honoré. L'Ecriture révèle que Joseph vécut 110 ans en Egypte comme un prince parmi ses frères **(Genèse 50:22)**.

Le roi David a honoré Dieu, et Dieu l'a honoré. Dieu a rendu son nom grand, David est resté comme l'un des meilleurs rois et dirigeants de toute l'histoire.

Tous ces ainés dans la foi ont un point commun : c'est l'honneur de Dieu.

Ils ont appris, à leur bon vouloir, à honorer Dieu.

Ensuite, Dieu bénit l'enfant qui honore ses parents.

Voici comment nous le savons. En effet, Dieu a prescrit le commandement suivant : « *Honore ton père et ta mère afin de vivre longtemps dans le pays que l'Eternel, ton Dieu te donne.* » **(Exode 20:12)**.

Ce commandement d'honorer les parents fait partie des dix commandements de Dieu. Et voyez par vous-même la promesse qui suit ce commandement : « ***afin de vivre longtemps dans le pays que l'Eternel, ton Dieu te donne.*** »

Si vous étudiez la vie de ceux que Dieu a bénis dans l'histoire, vous découvrirez que c'étaient des hommes et des femmes qui honoraient leurs parents et Dieu.

Le plus souvent, Dieu cite en exemple les enfants qui ont honoré leurs parents.

Je suis attristé d'entendre quelqu'un dire : je ne parle pas avec mon père ou ma mère depuis un moment. Je me demande s'il mesure les conséquences d'une telle attitude vis-à-vis des parents. La réalité, c'est qu'on ne négocie pas avec ce commandement divin.

Quel que soit son âge, l'enfant qui honore ses parents sera béni, mais celui n'honore pas ses parents ne sera pas béni par Dieu.

C'est ainsi que **l'article 371 du code civil** dispose : « *L'enfant, à tout âge doit honneur et respect à ses père et mère.* »

C'est l'amour qui incite à honorer les parents. Oui, c'est l'amour qui fait ça !

Enfin, Dieu bénit celui qui honore son prochain. Dans son livre **La récompense de l'honneur, John Bevere**, pasteur, auteur chrétien et américain révèle que Dieu bénit celui qui honore son prochain. En effet, l'adjectif « béni » a pour synonyme l'adjectif heureux. Ainsi donc, vous ne pouvez pas être béni ou heureux si vous ne savez pas honorer les autres.

Assurément, vous comprendrez pourquoi tant de personnes ne sont pas heureuses dans leurs vies. Ce n'est pas la seule raison, bien entendu, du malheur des hommes, mais le manque d'honneur des autres y est pour beaucoup.

Si vous observez la plupart des personnes qui ont été bénies par Dieu, vous remarquerez que derrière cette bénédictions se trouvaient des hommes et femmes qui ont appris la loi de l'honneur.

Marie, la sœur de Lazare a versé un parfum de nard sur les pieds du Seigneur Jésus et les a lavés avec ses cheveux. Ce parfum coûtait l'équivalent de douze mois de salaire à l'époque. Elle a honoré le Seigneur Jésus et son nom même est cité en exemple de générosité à travers l'histoire. Partout dans le monde où l'évangile est annoncé, on parle aussi de Marie, cette femme qui a versé du parfum sur les pieds du Seigneur Jésus **(Jean 12:1-11)**.

Joseph a honoré son père et ses frères, il était un prince en Egypte, il était béni et il est cité à travers l'histoire comme un bon exemple à suivre.

Esther de Suse a honoré son oncle Mardochée et son peuple, elle est devenue reine et son nom est cité à travers l'histoire comme un bon exemple à suivre.

Ruth a honoré sa belle-mère, en la servant et en lui restant fidèle, elle a été bénie le restant de sa vie, et son nom est resté béni à travers l'histoire.

Montrez-moi une personne heureuse, bénie par Dieu et je vous montrerai derrière quelqu'un qui sait honorer son prochain.

Servir les autres sans se plaindre ou murmurer

« *Faites tout sans murmures ni contestations afin d'être irréprochables et purs, des enfants de Dieu sans défaut au milieu d'une génération perverse et corrompue. C'est comme des flambeaux dans le monde que vous brillez parmi eux.* » **(Philippiens 2:14).**

Cette lettre a été écrite par l'apôtre Paul depuis le 1er siècle de notre ère. Qu'il me soit permis de rappeler que l'apôtre Paul est l'un des hommes les plus bons de l'histoire humaine. Rappelons aussi que quand il a écrit cette lettre, il est en prison à cause de sa foi en Christ. Alors qu'il avait tant de raisons de se plaindre de sa condition de prisonnier et de toutes les injustices dont il était victime, il continuait à servir Dieu et les autres avec joie. Pour preuve, il a écrit cette lettre aux philippiens (ceux qui fréquentaient l'Eglise de la ville de Philippes en Grèce à l'époque du Nouveau testament) pour les encourager à servir Dieu et les autres sans se plaindre.

Je vous avoue que c'est un exercice difficile à appliquer au quotidien surtout lorsqu'on vit des injustices, mais cela est possible avec l'aide de Dieu. Ce doit être notre attitude : **Servir sans se plaindre, sans murmurer et sans contestations**. Nous sommes bénis si nous pratiquons ce conseil donné par l'apôtre Paul, car la promesse qui en découle *c'est de briller comme des flambeaux dans le monde parmi les hommes* **(Philippiens 2:15)**. C'est ainsi que l'apôtre Paul a brillé comme un flambeau dans le monde. Dieu a voulu que cette lettre soit inscrite dans le livre le plus vendu au monde (La Bible) afin que nous observions et pratiquions ce conseil divin.

L'apôtre Paul a passé le reste de sa vie à servir Dieu et les autres sans murmures ni contestations. Résultat : il est resté dans l'histoire comme l'un des hommes les plus bons. C'est le deuxième personnage le plus influent du christianisme après le Seigneur Jésus, raison pour laquelle, les chercheurs et enseignants disent à son sujet que personne, mis à part Jésus n'a exercé une aussi grande influence sur l'histoire du christianisme. Nous voulons tous réussir dans la vie, je le pense, et nous avons là, l'un des secrets de la réussite dans la vie : servir sans murmures, ni contestations.

Disons les choses très clairement : si l'apôtre Paul a servi fidèlement Dieu et les autres sans plaintes ni contestations, c'est parce qu'il avait l'amour divin. Oui, cet exercice n'est possible que si on a l'amour divin en nous. Cet amour nous permet de servir Dieu et les autres sans murmures ni contestations. Comme l'a dit Grégory Turpin : « *Ce n'est qu'en étant remplis de son amour que nous pouvons être ses instruments de paix, de consolation, d'espérance pour ceux que Dieu a placés sur notre route.* »

Voici ce que les enseignants de l'Ecriture nous apprennent sur l'amour divin : « L'amour est plus que de simples sentiments d'affection, c'est une attitude qui se révèle dans l'action. Comment aimer les autres comme Jésus nous a aimés ? En proposant notre aide même lorsque cela nous dérange, en donnant même lorsque cela fait mal, en consacrant de l'énergie au bien-être des autres plutôt qu'à notre confort, en acceptant les offenses sans nous plaindre et sans nous venger. Reconnaissons qu'il est difficile d'aimer ainsi. C'est la raison pour laquelle notre entourage remarque cet amour lorsque nous le mettons en pratique, et il sait que nous bénéficions d'une force et d'un amour surnaturels. »

Ainsi donc, les hommes et les femmes qui servent Dieu et leur prochain de bon cœur sont bénis.

Les hommes qui servent Dieu et leurs femmes sans murmures, ni contestations sont bénis.

Les femmes qui servent Dieu et leurs maris sans murmures, ni contestations sont bénies.

Les parents qui servent Dieu et leurs enfants sans murmures, ni contestations sont bénis.

Les enfants qui servent Dieu et leurs parents sans murmures, ni contestations sont bénis.

Les frères qui servent leurs sœurs sans murmures, ni contestations sont bénis.

Les sœurs qui servent leurs frères sans murmures, ni contestations sont bénies.

Les enseignants qui servent leurs élèves sans murmures, ni contestations sont bénis.

Les élèves ou étudiants qui servent leurs enseignants sans murmures, ni contestations sont bénis.

Les ami(e)s qui servent leurs ami(e)s sans murmures, ni contestations sont bénis.

Les collègues qui servent leurs collègues sans murmures, ni contestations sont bénis.

Les dirigeants qui servent Dieu et leurs peuples sans murmures, ni contestations sont bénis.

Les peuples qui servent Dieu et leurs dirigeants sans murmures, ni contestations sont bénis.

Dieu nous a tous destiné à le servir et à nous servir les uns les autres sans murmures, ni contestations. C'est l'amour qui fait ça ! Et c'est comme ça que nous serons bénis !

Faire bon usage des dons reçus de Dieu

L'origine des dons

Considérons toute chose que nous avons reçue comme un cadeau du ciel. Dans leur livre ***Biens, Richesses et Argents***, les auteurs **Craig Hill**, pasteur orateur et écrivain américain et **Earl Pitts**, conférencier canadien nous apprennent que « *Tout ce que nous recevons est un don venu de Dieu par sa grâce plutôt qu'un résultat mérité ou acquis par notre travail.* »

Avant de parler de l'usage des dons, il est important de rappeler que nous n'avons rien à nous-mêmes, car tout nous vient de Dieu. Remarquons ce que l'apôtre Paul rappelle aux croyants : « *En effet, qui est celui qui te distingue ? Qu'as-tu que tu n'aies pas reçu ? Et si tu l'as reçu, pourquoi en faire le fier comme si tu ne l'avais pas reçu ? »* **(1 Corinthiens 4:7)**.

L'apôtre Jacques aussi a écrit la chose suivante : « *Ne vous y trompez pas, mes frères et sœurs bien aimés : tout bienfait et tout don parfait viennent d'en haut ; il descend du père des lumières, en qui il y a ni changement ni l'ombre d'une variation.* » **(Jacques 1:16-17)**.

Tous ces hommes formidables ont révélé au monde que tout don vient de Dieu. C'est Dieu qui nous fait grâce d'avoir ces dons.

Quand je parle de don ici, je tiens à préciser que notre cœur est un don de Dieu ! Notre bouche est un don de Dieu, notre langue est un don de Dieu, nos yeux sont les dons de Dieu, nos oreilles, nos mains, nos pieds, nos doigts,…Quoi d'autre ! Les parents, les enfants, les ami(e)s sont des dons de Dieu. Tout ce que nous avons sont des dons de Dieu. Ce sont des cadeaux de Dieu. C'est l'amour divin qui permet de reconnaître que tout ce que j'ai est un cadeau de Dieu. Cet amour nous permet aussi de comprendre que nous avons tous reçus des dons de Dieu.

Consciente que même notre sourire est un don, voici ce que Mère Teresa a dit : « *Nous ne saurons jamais tout le bien qu'un simple sourire peut être capable de faire.* »

Une fois que nous avons compris cela, il nous faut ensuite demander à Dieu de nous aider à faire bon usage des dons qu'il nous a donnés. Oui, nous devons respecter les dons que Dieu nous a donnés en en faisant bon usage.

Le bon usage des dons

Avoir un don est une chose, mais savoir en faire bon usage en est une autre. C'est là toute notre responsabilité. Je pense que nous possédons tous au moins un don particulier, Nous devons juste le trouver et en faire bon usage. Là encore c'est le Saint-Esprit qui nous le révèle et nous aide à bien utiliser le ou les dons que Dieu nous a confiés. J'ai écrit une chanson avec les paroles suivantes :

Nous n'avons rien à nous-mêmes
Nous n'avons rien à nous-mêmes
Car tout nous vient de Dieu
Demandons au Seigneur de nous donner la sagesse
De bien gérer ce qu'il nous a donné, ce qu'il nous a confié
Car un jour viendra où nous rendrons des comptes
De la manière dont nous avons géré les dons de Dieu
Car nous ne sommes que des gérants
Demandons à Dieu de nous aider à être de bons administrateurs de ses biens.

Une personne qui demande à Dieu de l'aide pour bien gérer le don qu'il a reçu finira par bien l'utiliser.

Le plus souvent, le bénéficiaire du don de Dieu veut faire des choses comme bon lui semble et non selon la volonté de Dieu. L'un des grands malaises que nous avons avec nos jeunes c'est qu'ils ont quasiment tous des dons et des talents, mais ne savent pas tous comment les utiliser.

Or, nous arrivons aussi à donner la meilleure version de nous-mêmes lorsque nous utilisons les dons que nous avons reçus de Dieu selon son plan divin, c'est-à-dire les utiliser comme Dieu le veut.

Ainsi, il nous faut savoir pourquoi nous avons reçus tel ou tel don. En réalité, la réponse à cette question nous aidera à bien utiliser le don que nous avons reçu de Dieu et à accomplir la destinée que le Seigneur a prévu pour chacun d'entre nous sur cette terre.

Le but des dons

Dieu nous a donnés les dons pour le glorifier et servir les autres.

Premièrement, le don que nous avons reçu doit glorifier Dieu. En effet, si le don que vous avez reçu ne donne pas la gloire à Dieu, vous ne serez pas bénis à la fin de votre vie. Parce que vous n'honorez pas celui qui vous l'a donné : Dieu.

Vous comprenez pourquoi un grand nombre d'artistes ou célébrités ont une triste fin parce qu'ils ont utilisé leurs dons en dehors du plan de Dieu.

C'est pourquoi, il est de notre devoir de demander à Dieu : Seigneur montre-moi comment tu voudrais que j'utilise ce don ou ce talent pour ta gloire.

Moi, votre serviteur qui écrit ce livre, j'ai reçu ce talent d'écrire depuis ma tendre jeunesse. J'aime écrire. Mais cela ne suffit pas. Ecrire quoi ou écrire pourquoi?

Je priais pour que Dieu m'aide à bien utiliser ce don d'écrire pour sa gloire d'abord. C'est pourquoi je suis devenu auteur pour la gloire de Dieu. Un don qui glorifie Dieu, c'est l'amour qui fait ça !

Vous aussi, je vous suggère de prier Dieu pour qu'il vous révèle et vous aide à utiliser le don ou le talent qu'il a mis en vous pour sa gloire. Vous êtes bénis si vous faites cela.

Deuxièmement, le don que nous avons reçu doit servir les autres. A quoi sert-il d'avoir un don ou un talent si cela ne sert pas les autres ?

Je pense que ce que l'apôtre Paul a dit au sujet des dons spirituels est aussi valable pour tous les autres dons ou talents que nous avons reçus. En effet, il a dit qu'à chacun la manifestation de l'Esprit est donnée pour le bien de tous **(1 Corinthiens 12:7)**.

En s'inspirant de ce texte, je me permets de dire que tout don doit servir pour le bien de tous, pour l'utilité commune. Oui, tu donneras la meilleure version de toi-même que quand tu mettras ton don ou ton talent au service des autres. Là encore il ne suffit pas de dire que je sers les autres avec mon don, mais de se demander est-ce que je sers les autres, avec ce don, comme Dieu le veut. C'est l'amour qui incite à se poser une telle question.

Nous sommes bénis si nous servons les autres avec le don que nous avons reçus de Dieu.

Nous sommes bénis si nous servons les autres avec ce don comme Dieu le veut.

Eviter d'occuper inutilement la terre

Nous sommes tous dans ce monde pour un but, mais certains choisissent d'une manière souvent inconsciente d'occuper inutilement la terre. D'abord, ils ne font pas d'effort pour trouver leur raison d'être, c'est-à-dire le but pour lequel Dieu les a envoyés dans ce monde. En réalité, il n'y a personne qui soit venu dans ce monde par hasard. Or, de nombreuses personnes manquent leur but dans la vie.

C'est un grand malaise de vivre sans savoir quelle est notre but dans la vie, quelle est notre mission dans ce monde.

L'apôtre Paul, malgré son niveau intellectuel élevé a trouvé sa raison d'être que lorsqu'il est venu à Dieu. Après sa conversion au Christ, alors qu'il priait, l'Esprit de Dieu lui a dit quelle était sa mission sur cette terre. Voici comment Paul et Barnabas ont connu leur mission de vie : « *Pendant qu'ils rendaient un culte au Seigneur et qu'ils jeûnaient, le Saint-Esprit dit : Mettez-moi à part Barnabas et Saul pour la tâche à laquelle je les ai appelés. Alors, après avoir jeûné, prié et posé les mains sur eux, ils les laissèrent partir.* » (**Actes 13:2-3**).

Vous et moi pouvons directement demander à Dieu de nous montrer quel est notre but dans ce monde.

Beaucoup de personnes naissent, vivent et meurent comme s'ils étaient des touristes sur cette terre, parce qu'ils ne prennent pas le temps de demander à Dieu de leur montrer quelle est leur mission.

Quelqu'un a écrit la chanson suivante :
Seigneur tu m'as créé homme
Pourquoi tu m'as créé homme
Je sais que c'est pour un but
Révèle-le moi, Ô Seigneur
Révèle-le moi, Ô Seigneur

La chaîne You Tube **Luc Dumont-Exponentiel** aide beaucoup de jeunes, des hommes et des femmes à trouver leur mission dans la vie. En effet, le pasteur et chantre canadien **Luc Dumont** insiste sur le fait que si vous trouvez votre talent et votre mission, vous accomplirez votre vocation. Cette chaîne m'aide beaucoup et continue d'aider des milliers de personnes dans le monde à occuper utilement la terre.

Voici les deux questions à se poser qui aident à ne pas occuper inutilement la terre :

Qu'est-ce que je peux faire aujourd'hui pour démontrer que j'aime Dieu ?

Qu'est-ce que je peux faire aujourd'hui pour démontrer que j'aime mon prochain ?

Si vous vous posez chaque jour ces deux questions, vous allez non seulement être utile à Dieu et aux autres mais vous allez aussi exceller dans l'amour.

Les experts du développement personnel nous apprennent que nous devenons ce que nous pensons à chaque instant ou le plus souvent. Ce qui signifie que **si vous pensez tous les jours à : comment je peux faire pour plaire à Dieu ? Comment je peux faire pour servir mon prochain ? Vous finirez par devenir une personne qui plaît à Dieu et qui sert son prochain. Ce qui permet d'occuper utilement la terre.**

Je me souviens d'un témoignage où une jumelle a vécu une expérience de mort et de l'au-delà, dans sa conversation avec le créateur, Dieu lui a dit : *« Si je te laisse vivre, c'est parce que tu chantes pour moi. »*

Luc, l'un des disciples de Jésus Christ qui était médecin, raconte comment le Seigneur Jésus a guéri le serviteur d'un officier romain. Avant que le Seigneur n'agisse, quelques personnes ont plaidé la cause de cet homme en disant : « il mérite que tu lui accordes cela, car il aime notre nation et c'est lui qui fait construire notre synagogue. » C'est l'exemple d'un homme qui se rendait utile pour les autres.

Je pense que le Seigneur a le pouvoir d'écourter ou de rallonger la vie d'une personne selon qu'il juge nécessaire son utilité ou pas sur terre. Souvenons-nous de la parabole que le Seigneur Jésus a dit en **Luc 13:6-9**. Il s'agit de l'histoire d'un figuier planté depuis un moment et qui ne produisait pas de figues. A chaque fois un homme venait y chercher des figues à manger et n'en trouvait pas. Alors il a demandé au vigneron de couper ce figuier qui occupe inutilement la terre, le vigneron lui a demandé un délai pour faire en sorte que ce figuier finisse par produire des figues et lui a dit que si la situation ne change pas, là le monsieur pourra couper le figuier.

Souvenons-nous aussi de ce que le Seigneur Jésus a dit en **Matthieu 7:19** : « *Tout arbre qui ne produit pas de bons fruits sera coupé et jeté au feu.* »

Vous n'occupez pas inutilement la terre si vous remplissez déjà bien vos devoirs de père, de mère et d'enfant. Voici par exemple des questions que Grégory Turpin conseille de se poser pour savoir si nous nous aimons les uns les autres comme le Seigneur nous a aimés : « *Est-ce que j'aime vraiment mon prochain ou bien est-ce que j'abuse de mes frères, me servant d'eux pour mes intérêts ? Ai-je été malveillant par mes paroles ou mes actions ? Qu'est-ce que j'aurais pu faire de bien que je n'ai pas fait ? Ai-je respecté mes devoirs de parent/enfant/époux etc. ?* »

Oui, nous n'occupons pas inutilement la terre si nous obéissons à ce nouveau commandement donné par le Seigneur Jésus : **aimez-vous les uns les autres comme je vous ai aimés (Jean13:34)**.

Enfin, vous n'occupez pas inutilement la terre si vous rendez chaque jour service aux gens et si vous faites du bien aux personnes que Dieu aime.

N'oublions pas que chaque personne que nous rencontrons est une personne que Dieu aime. Et ça, l'amour n'oublie pas cela.

La noblesse

Le dictionnaire **Robert** définit la noblesse comme la « *grandeur de qualités morales, de la valeur humaine.* »

Et la noblesse a pour synonymes : la dignité, la grandeur, la générosité, l'élévation, la gentillesse, la distinction, la hauteur, la beauté, la majesté, etc.

Nous avons été créés par un Dieu noble. Par la grâce divine, nous les humains, sommes les êtres les plus intelligents de toutes les créatures que Dieu a créées sur terre.

Dieu est attaché à la noblesse. Nous avons été créés à son image et à sa ressemblance **(Genèse 1:26)**. En effet, nous sommes appelés à ressembler à Dieu. Or, ressembler à Dieu c'est être noble comme lui.

Nous devons être attachés à la noblesse du ciel, c'est-à-dire à vivre selon les valeurs du Royaume. C'est ce que le Seigneur Jésus nous enseigné. En effet, il n'a rabaissé, ni insulté qui que ce soit. Au contraire, il a traité chaque personne avec dignité, amour, respect et a répondu aux besoins des gens. Il traitait chaque femme avec le même respect et la même sensibilité. Il a mené une vie qui plaît à Dieu, car il avait des valeurs élevées. Nous sommes appelés à avoir les mêmes valeurs élevées. Nous pouvons avoir la même noblesse qu'avait le Seigneur Jésus si nous la demandons à Dieu et si nous étudions la vie du Seigneur Jésus. En réalité, les experts du développement personnel disent que nous devenons ce que nous étudions, les livres que nous lisons et ressemblons aux personnes que nous fréquentons.

Voulons-nous être attachés à la noblesse divine ? Alors étudions la vie du Seigneur Jésus. En effet, le Seigneur Jésus est le seul qui est venu montrer à quoi ressemble vraiment la noblesse du ciel. C'est pour cette raison que j'ai écrit le livre : ***L'homme le plus formidable de l'histoire humaine***.

Plusieurs auteurs ont écrit sur la noblesse, mais pour avoir la noblesse d'âme, de cœur et de caractère, il faut être attaché aux valeurs du ciel. Ce sont ces valeurs qui donnent naissance à la noblesse de cœur, d'âme et de caractère.

Il nous faut donc vivre sur terre la même noblesse que celle du ciel. Autrement dit, **il nous faut vivre maintenant comme nous le ferons au ciel.**

Je n'insisterai jamais assez pour dire : apprenons la noblesse du ciel et vivons-là pendant que nous sommes encore sur terre. Et nous devons vivre selon la noblesse du ciel, parce que notre droit de cité est dans le ciel.

Voici ce que l'apôtre Paul, un homme attaché à la noblesse du ciel, a révélé : « *Quant à nous, notre droit de cité est dans le ciel, d'où nous attendons aussi comme Sauveur le Seigneur Jésus-Christ.* » **(Philippiens 3:20).**

Et voici maintenant ce que l'apôtre Paul recommande pour être des hommes et des femmes nobles : « *Enfin, frères et sœurs, portez vos pensées sur tout ce qui est vrai, tout ce qui est honorable, tout ce qui est juste, tout ce qui est pur, tout ce qui est digne d'être aimé, tout ce qui mérite l'approbation, ce qui est synonyme de qualité morale et ce qui est digne de louange.* » **(Philippiens 4:8).**

Si nous avons des pensées nobles comme celles que nous avons énumérées ci-dessus, nous serons non seulement nobles mais le Dieu de la paix sera avec nous, comme l'apôtre le dit à la fin de sa lettre **(Philippiens 4:9).**

C'est l'amour qui incite à être noble comme Dieu. C'est l'amour qui fait ça !

Etre une solution et non un problème

Quand nous venons dans ce monde, on vient déjà trouver certains problèmes. En grandissant, notre devoir est de chercher des solutions pour résoudre ces problèmes. Ainsi notre objectif est de se ranger du côté des solutions et non des problèmes. **C'est notre contribution au monde, de se ranger du côté des solutions.**

La famille a déjà ses problèmes. Ça sera notre contribution d'essayer d'apporter des solutions à certains de ses problèmes. En effet, si vous aidez un membre de votre famille, vous vous rangez du côté des solutions.

Le malaise c'est que beaucoup de personnes gaspillent du temps et de l'énergie en se concentrant sur les problèmes au lieu de se concentrer sur les solutions.

Souvenons-nous que nous devenons ce à quoi nous pensons chaque instant. Si donc, au lieu de penser à apporter une solution, vous pensez plus au problème, vous perdrez plus de temps et de l'énergie et vous allez devenir un problème.

Dieu nous a donné le temps et l'énergie pour que nous l'investissions à trouver des solutions et non à s'acharner sur les problèmes.

Oui, c'est l'amour qui incite à se concentrer sur les solutions et non sur les problèmes.

C'est l'amour qui inspire le choix d'être une solution pour les problèmes de sa famille, de son conjoint, de son ami. C'est l'amour qui fait ça !

En effet, si vous pensez souvent à comment je peux aider mon ami(e) ? Comment je peux aider mon conjoint/ma conjointe ? Comment je peux aider mon/ma collègue ? Comment je peux aider ma famille, comment je peux aider ma nation ? Sachez que c'est l'amour qui fait ça !

Il nous faut parfois passer par les mêmes épreuves que les autres pour comprendre leur souffrance. Il nous est difficile d'être sensibilisé aux problèmes que les autres traversent. Mais celui qui a l'amour considère que c'est un devoir pour lui d'apporter une solution au problème de l'autre.

Critiquer un élève parce qu'il ne travaille pas assez bien arrive souvent, mais chercher les moyens de l'aider à avoir des résultats satisfaisants. Ça, c'est l'amour qui fait ça !

Critiquer son conjoint pour telle ou telle attitude est fréquent. Mais cherchez à lire soi-même d'abord au moins dix livres sur le couple pour comprendre l'autre et assumer ses devoirs d'époux. C'est l'amour qui fait ça !

Parler aux autres est naturel. Mais parler à chaque personne comme si vous vous adressez à la personne la plus importante au monde. Ça, c'est l'amour fait ça.

Oui, continuez à parler à une personne comme si c'était la personne la plus importante au monde alors que vous êtes en colère. C'est l'amour qui fait !

Continuer à servir sa famille ou sa nation quand bien même nous sommes déçus et découragés par certains comportements. Ça, c'est l'amour qui fait !

Le désir de ressembler à Dieu

C'est l'amour divin qui produit un vif désir de ressembler à Dieu. Et le désir de ressembler à Dieu fait produire les actes d'amour comme **la compassion, la bonté, l'humilité, la douceur, la patience et le pardon**. Dieu lui-même manifeste ces actes d'amour. Ainsi, en cherchant à ressembler à Dieu, nous sommes appelés à reproduire ces mêmes actes d'amour. Souvenons-nous que nous avons été créés à l'image et à la ressemblance de Dieu **(Genèse 1:26-27)**.

Et quand l'Esprit de Dieu vient sur nous, il nous aide à retrouver cette ressemblance à Dieu, en insufflant dans notre cœur les actes d'amour suivants : la compassion, la bonté, l'humilité, la douceur, la patience et le pardon. C'est en produisant ces actes d'amour que nous devenons à l'image de Dieu.

Les enseignants de l'Ecriture révèlent ceci : « *Le Saint Esprit nous donne la force d'aimer ; il vit dans notre cœur et nous rend toujours plus semblables à Christ.* »

Dieu aime parfaitement et complètement, et son amour est actif : il donne, guide et protège.

Notre amour ressemble-t-il à cet amour de Dieu ?

Dans le **Psaume 103**, le **roi David** nous révèle le grand amour de Dieu, il nous donne un bref aperçu de qui est Dieu pour pouvoir lui ressembler.

Dieu fait grâce, nous aussi devons faire grâce **(Psaumes 103:8)**.

Dieu est rempli de compassion, nous aussi devons être remplis de compassion.

Dieu est lent à la colère et riche en bonté, nous aussi devons être lents à la colère et riches en bonté.

Toute notre vie doit être influencée par la motivation de ressembler à Dieu. Oui, c'est une noble motivation de vouloir ressembler à Dieu. C'est l'amour qui fait ça !

Dieu pardonne sans cesse, nous aussi nous devons nous pardonner les uns les autres.

Dieu est vrai, nous aussi devons être vrais, authentiques.

Dieu est fidèle et pur, nous aussi devons être fidèles et purs dans toutes nos voies.

C'est pourquoi, il est salutaire de lire la Parole de Dieu (La Bible) pour découvrir comment Dieu est, afin de pouvoir lui ressembler. La Bible est le seul livre par excellence qui nous renseigne sur la nature de Dieu et qui nous aide à connaître véritablement Dieu.

L'apôtre Jean nous révèle que Dieu est amour. Nous aussi devons être comme lui, des amours. C'est cela ressembler à Dieu.

Pour nous encourager à aimer comme Dieu, voici ce que Jean écrit : « *Bien-aimés, aimons-nous les uns les autres, car l'amour vient de Dieu, et toute personne qui aime est né de Dieu et connaît Dieu. Celui qui n'aime pas n'a pas connu Dieu, car Dieu est amour. Voici comment l'amour de Dieu s'est manifesté envers nous : Dieu a envoyé son Fils unique dans le monde afin que par lui nous ayons la vie. Et cet amour consiste non pas dans le fait que nous, nous avons aimé Dieu, mais dans le fait que lui nous a aimés et a envoyé son Fils comme victime expiatoire pour nos péchés. Bien-aimés, puisque Dieu nous a tant aimés, nous devons aussi nous aimer les uns les autres.* » **(1 Jean 4:7-11)**.

Demeurer dans l'amour

Ce sous-titre est inspiré par les paroles du Seigneur Jésus-Christ. Voici en effet, ce que le Seigneur Jésus a dit aux disciples : *« Tout comme le père m'a aimé, moi aussi, je vous ai aimés. Demeurez dans mon amour. »* **(Jean 15:9).**

C'est une recommandation que le Seigneur Jésus nous a donné : **celle de demeurer dans son amour.** Car, il ne suffit pas d'aimer, mais de demeurer dans l'amour.

S'il nous arrivait d'aimer quelqu'un un jour et ensuite de cesser de l'aimer, sachons que nous n'observons pas encore ce que le Seigneur Jésus a dit. Nous observons ce que le Seigneur a dit lorsque nous aimons et demeurons dans l'amour.

Le dictionnaire Robert définit le verbe demeurer comme le fait de *« continuer d'être dans un certain état, persister à être, rester. »*.

Ce qui signifie que si nous disons que nous aimons aujourd'hui et demain nous n'aimons plus, c'est que nous ne demeurons pas dans l'amour du Seigneur. Car, lorsqu'on aime avec l'amour de Dieu, on demeure. L'amour de Dieu c'est l'amour du Christ. Et lorsqu'on aime avec l'amour du Christ, on demeure, on reste, on ne part pas. Pourquoi ? Parce que l'amour de Dieu, l'amour de Christ ne finit jamais. **(1 Corinthiens 13:8)**.

L'amour de Christ est une garantie et une sécurité. Si quelqu'un aime avec l'amour de Christ, cet amour ne finira jamais.

D'où vient-t-il que quelqu'un vous dit au début qu'il vous aime et après quelque temps vous brise le cœur, cesse de vous aimer. C'est qu'il n'a pas l'amour de Christ. Je le redis tout haut : lorsqu'on aime avec l'amour de Christ, on demeure dans l'amour.

Le vœu de Dieu c'est de remplir notre cœur de l'amour de Christ afin que nous puissions aimer comme le Christ aime. Un amour qui va jusqu'au sacrifice de soi, un amour qui fait chaque jour du bien à l'autre, un amour qui demeure. Et lorsqu'on est dans l'amour, on est amené à se demander chaque jour : qu'est-ce que je dois faire aujourd'hui qui démontre que j'aime mon semblable.

J'ai une sœur, une amie. Ça fait 11 ans que nous sommes amis et son amour demeure comme au premier jour. Elle me surprend toutes les fois que nous nous voyons. En effet, elle me parle avec le même amour et le même respect comme au premier jour. Nous ne nous sommes jamais disputés, ni engueulés. Aucun de nous deux n'a un jour placé un mot au-dessus de l'autre. Elle s'appelle Elvina Trésor, elle excelle dans l'amour année après année, elle est l'exemple d'une personne qui demeure dans l'amour. Je l'aime d'un amour divin comme ma sœur et mon amie. Elle le sait !

J'ai encore un ami qui s'appelle Noemie Songolo qui demeure dans l'amour. Depuis 7 ans, nous nous connaissons et nous nous surprenons toujours en train de s'aimer et de s'apprécier comme la première année de notre rencontre. C'est l'amour qui fait ça !

Mon ami Pambou Sita Arold, notre amitié dure depuis 18 ans et nous ne nous sommes jamais engueulés. Jusqu'aujourd'hui nous continuons à nous aimer comme au début de notre amitié. C'est l'amour qui fait ça !

J'ai un grand frère qui est un exemple de quelqu'un qui demeure dans l'amour de Christ : le nommé Joachim Manongo. Ça fait 22 ans que nous nous connaissons et il me témoigne toujours le même amour et le même respecte comme la première année de notre rencontre. Nous nous rivalisons encore d'estime et d'amour jusqu'aujourd'hui. Ce n'est pas seulement mon ami, mais l'ami de la famille. C'est un exemple d'amour pour moi.

J'ai un autre frère, le nommé Christian Ibara. Un homme qui demeure dans l'amour de Dieu. Je le connais aussi depuis 22 ans. Notre amour ne s'est jamais refroidi. C'est aussi l'ami de la famille. C'est un exemple de foi pour moi.

Depuis 20 ans que j'ai rencontré les frères Mounzéo, notamment Elove Matsieri Mabounda Kevin Mounzéo, Saken Mounzéo, nous ne nous sommes jamais disputés. Tous les trois ont été mes formateurs. Ces hommes font partie des honnêtes gens que je connais dans mon pays, je les aime et les respecte jusqu'aujourd'hui. Qu'est-ce qui fait ça ? C'est l'amour qui fait ça !

En réalité, lorsqu'on demeure dans l'amour de Christ, on excelle en amour. Pourquoi les gens n'excellent pas assez souvent dans l'amour ? Parce que soit ils n'ont pas encore l'amour de Christ dans leur cœur, soit ils ne demeurent pas dans cet amour. Et ça donne comme résultats les phénomènes suivants : aujourd'hui on dit qu'on aime quelqu'un et demain on dit qu'on ne l'aime plus. Aujourd'hui, on voit son ami comme si c'était la personne la plus importante au monde, et demain on voit le même ami comme un ennemi. Aujourd'hui on respecte quelqu'un et demain on ne le respecte plus. Qu'est-ce qui fait ça ? Nous connaissons maintenant la réponse : C'est le manque d'amour divin dans le cœur.

Le Christ n'a brisé le cœur de personne et ses véritables disciples ne blessent le cœur de personne. C'est à cela que nous sommes aussi appelés.

Le vœu de Dieu est que nous puissions exceller dans l'amour, mais pour exceller dans l'amour il faut avoir l'amour de Christ dans le cœur et demeurer dans l'amour. Le livre de **1 Corinthiens 13:4-8** nous montre à quoi ressemble l'amour de Christ.
« L'amour de Christ est patient, il est plein de bonté, il n'est pas envieux, il ne se vante pas, il ne s'enfle pas d'orgueil, il ne fait rien de malhonnête, il ne cherche pas son intérêt, il ne s'irrite pas, il ne soupçonne pas le mal, il ne se réjouit pas de l'injustice, mais il se réjouit de la vérité ; il pardonne tout, il croit tout, il espère tout, il supporte tout. L'amour de Christ ne meurt jamais. »

Maintenant que nous nous rappelons de ce qu'est l'amour de Dieu, excellons dans l'amour et demeurons dans cet amour.

L'amour de Dieu triomphe de tout. C'est lorsque nous demeurons dans l'amour de Christ que nous donnons la meilleure version de nous-mêmes, c'est-à-dire ressembler vraiment à Christ, à Dieu.

En effet, chaque être humain doit savoir que lorsqu'il aime et demeure dans l'amour, il ressemble à Dieu.

En réalité, chaque ethnie se reconnaît par ses coutumes et traditions, mais les disciples de Christ se reconnaissent par l'amour qu'ils ont les uns envers les autres. Ils observent le commandement que le Seigneur Jésus leur a donné *: aimez-vous les uns les autres* **(Jean 15:17)**.

Le Seigneur Jésus nous a révélé à quoi ressemble le cœur de Dieu. C'est l'amour véritable, le pardon et la compassion qui caractérisent le cœur de Dieu. Ainsi, pour aimer et demeurer dans l'amour nos cœurs doivent être remplis de l'amour véritable, du pardon et de la compassion.

Qu'est-ce que l'amour fait ? Il aime et demeure dans l'amour divin. Aimer et demeurer dans l'amour, voilà ce que l'amour fait !

Ainsi donc, Qu'est-ce qui fait que vous aimez toujours vos amis avec le même amour comme au début de votre amitié ? C'est l'amour qui fait ça !

Qu'est-ce qui fait qu'après 50 ans de vie commune vous aimez toujours votre conjoint comme au premier jour ? C'est l'amour qui fait ça !

Qu'est-ce qui fait que vous respectez toujours votre collègue comme le premier jour que vous l'avez vu. C'est l'amour fait ça !

Qu'est-ce qui fera que vous puissiez toujours aimer votre famille malgré les défauts de certains membres ? C'est l'amour qui fera ça !

Qu'est-ce qui vous aidera à aimer toujours votre ami(e), votre fiancé(e), votre conjoint(e) comme au premier jour malgré ses imperfections ? C'est l'amour qui fait ça !

Qu'est-ce qui fait que vous regardiez chaque être humain comme s'il portait en lui l'image de Dieu ? C'est l'amour qui fait ça !

Qu'est-ce qui fait que nous aimons toujours après plusieurs années comme si nous étions au début de notre relation ? C'est l'amour qui fait ça !

Qu'est-ce qui fait que nous respectons chaque personne comme si elle était la personne la plus importante au monde ? C'est l'amour qui fait ça !

Qu'est-ce qui fait que malgré la durée de notre relation, on se surprend toujours par de petits gestes d'attention : un sain baiser, un doux câlin, un petit mot d'amour, un cadeau, un sourire, un regard plein de tendresse ? C'est l'amour qui fait ça !

L'envie d'aimer, d'offrir, de faire plaisir ; l'envie de dépasser les attentes de l'autre au-delà de ce qu'il ou elle pouvait imaginer ; l'envie de ravir l'autre, de le satisfaire, par une surprise, un petit cadeau, une marque d'attention particulière. C'est l'amour qui fait ça !

Si nous aimons et demeurons dans l'amour de Christ, nous sommes le sel et la lumière du monde **(Matthieu 5:13-14)**.

Nous sommes bénis si nous comprenons ce que l'amour fait.

Que Dieu vous bénisse mes chers lecteurs et lectrices

Autres ouvrages publiés par l'auteur

1- *Une décennie pour vaincre une maladie chronique,* publié par les éditions Oasis et disponible sur Amazon, 2017.

2- *Ce qu'ils ont dit à propos de ce que nous chérissons le plus,* édition BoD - Books and Demand, disponible sur Amazon, Fnac, kobo, Google Play, booknode, Babelio avril 2019

3- *Autrefois, j'étais le sanctuaire des maladies,* édition BoD-Books and Demand, disponible sur Amazon, Fnac, kobo, Google Play, booknode, Babelio, juillet 2019

4- *Ce qu'ils ont dit à propos de ce que nous redoutons le plus,* Amazon, décembre 2019

5- *L'homme le plus formidable de l'histoire humaine,* édition BoD - Books and Demand, disponible sur Amazon, Fnac, kobo, Google Play, booknode, Babelio Janvier 2022

Coordonnées de l'auteur

- Mon courriel : duthel_steve@yahoo.fr

- Mon blog : https://vaincreadversite.fr